DISCOURS

PRONONCÉ EN L'ÉGLISE SAINT-VINCENT-DE-PAUL DE PARIS

Le mardi 5 juin 1866

A L'OCCASION DU DOUBLE MARIAGE DE MM. J.-A. BARRAL et GEORGES BARRAL

AVEC

Mme Vve MARIE-THÉRÈSE SAVALLE et Mlle MATHILDE SAVALLE

PAR

L'ABBÉ J. MONTÉRA

CHANOINE DU CHAPITRE IMPÉRIAL DE SAINT-DENIS

ASSISTÉ

DE L'ABBÉ V. HUGON

Chanoine du Chapitre impérial de Saint-Denis
Ancien aumônier des condamnés

PARIS

CH. DELAGRAVE ET Cie, LIBRAIRES-ÉDITEURS

78, RUE DES ÉCOLES, 78.

—

1867

DISCOURS

PRONONCÉ EN L'ÉGLISE SAINT VINCENT-DE-PAUL DE PARIS

LE MARDI 5 JUIN 1866

DISCOURS

PRONONCÉ EN L'ÉGLISE SAINT-VINCENT-DE-PAUL DE PARIS

Le Mardi 5 Juin 1866

A L'OCCASION DU DOUBLE MARIAGE DE MM. J.-A. BARRAL et GEORGES BARRAL

AVEC

Mme Vve MARIE-THÉRÈSE SAVALLE et Mlle MATHILDE SAVALLE

PAR

L'ABBÉ J. MONTÉRA

CHANOINE DU CHAPITRE IMPÉRIAL DE SAINT-DENIS

PARIS

CH. DELAGRAVE ET Cie, LIBRAIRES-ÉDITEURS

78, RUE DES ÉCOLES, 78.

1867

DISCOURS

PRONONCÉ EN L'ÉGLISE SAINT-VINCENT-DE-PAUL DE PARIS

LE MARDI 5 JUIN 1866

A l'occasion du double mariage de MM. J.-A. Barral et Georges Barral

AVEC

Mme Ve Marie-Thérèse Savalle et Mlle Mathilde Savalle

———

Époux chrétiens,

La mission que l'Église me donne aujourd'hui est aussi douce que conforme à mes sentiments pour vous. Elle veut que je ne vous adresse que des paroles d'encouragement et d'espérance ; car, par vous, elle voit s'unir, je pourrais dire se fusionner dans son sein et sous ses auspices, deux de ces familles de jour en jour plus rares qui sont restées pures de la contagion du siècle et qui ont su conserver intact le dépôt sacré des croyances, les traditions des sentiments honnêtes, cette forte discipline des habitudes et des goûts, cet esprit d'ordre, cet amour du travail qui sont la seule source légitime du bien-être comme les seuls gardiens incorruptibles des bonnes mœurs.

Mes Enfants, — mon âge et mon affection me permettent de vous appeler ainsi, — pour marcher sûrement dans la voie du devoir, vous n'aurez qu'à prendre pour guides ceux-là même à qui vous devez un culte de vénération et d'amour.

Dieu vous a fait cette grâce insigne de vous donner, dans les chefs de vos familles, des modèles accomplis de loyauté et d'honneur, et deux exemples remarquables de ce que peuvent des intelligences d'élite, quand elles sont secondées par des volontés fortes et par la passion de l'étude.

A cette faveur, Dieu en a ajouté une autre qui n'est pas moins précieuse, en vous donnant des mères sincèrement chrétiennes.

C'est de nos mères, en effet, que nous tenons ce fond de religion tendre et généreuse qui nous arme pour les luttes de la vie, nous en adoucit, presque à notre insu, les cruels mécomptes, nous inspire pour le mal une répulsion instinctive et nous porte vers le bien par une secrète affinité de nature. Les philosophes peuvent écrire des théories superbes sur le devoir, mais la source vive et pure de la morale, c'est le cœur de la mère chrétienne. C'est elle qui, tour à tour, par ses caresses, ses larmes, son doux sourire, féconde dans nos âmes les germes de la vertu ; c'est elle qui y allume la noble passion du sacrifice et les saintes aspirations vers tout ce qui est grand et sublime. C'est elle qui conseille doucement le bien, récompense le dévouement par un regard, et qui donne, quand il le faut, l'exemple du courage et celui, plus difficile, de la résigna-

tion. C'est elle encore qui enseigne les sévères loi
de l'honneur et cette exquise délicatesse de sentiments que nous trouvons à des degrés divers dans
les plus humbles des femmes sincèrement chrétiennes.

Il est beau, mesdames, le rôle de la femme chrétienne au sein de la famille. L'égale de son époux
devant Dieu, sa compagne devant les hommes, elle
est son inspiratrice et son auxiliaire dans toutes les
vicissitudes de la vie. Elle est non-seulement pour
lui une grâce de force et de courage, mais encore
un principe de justice et de sagesse. Par ses soins
assidus, par son affection ingénieuse et vigilante,
elle lui fait du foyer domestique un sanctuaire
aimé, un asile sacré, où son cœur, endolori par les
durs combats de la vie, ulcéré par ses déceptions
amères, vient se retremper, se rafraîchir, s'apai-
ser. Aux consolations de la tendresse qui fortifient
autant celle qui les donne que celui qui les reçoit,
elle sait joindre, au besoin, l'exemple de la cons-

tance et celui, plus héroïque, de l'indulgence et du pardon.

Elle est son auxiliaire du côté de l'esprit, par la droiture intuitive de ses vues et le charme de ses intentions ; c'est la grâce de sa parole qui donne la vie à ses idées, c'est dans son cœur qu'il dépose le secret de ses peines et qu'il puise ses inspirations.

Elle est encore son auxiliaire du côté de la justice qui, en Dieu, se confond avec la miséricorde, parce qu'elle est l'ange de la douceur et de la patience. Elle est la gardienne de sa foi, car, nous dit l'Ecclésiaste, la loi de Dieu repose sur le cœur de la femme sainte comme sur un fondement éternel : *fundamenta æterna, mandata Dei in corde mulieris sanctæ.* Et c'est encore elle qui le prémunit contre les faiblesses de son cœur, en sachant toujours faire respecter sa dignité de femme et d'épouse, en ne s'écartant jamais elle-même de cette aimable modestie que le sage appelle une grâce ajoutée à la grâce elle-même : *gratia super gratiam, mulier pudorata.*

Rassurez-vous, mesdames, je n'ajoute plus rien à cette esquisse dont déjà trop, à votre gré, chacun a pu reconnaître les types. D'ailleurs, la longue et étroite intimité dans laquelle j'ai vécu avec vous a donné à mon attachement un caractère tellement paternel que je ressens moi-même presque autant d'embarras que d'orgueil à entendre louer la noblesse de vos sentiments, la générosité de votre cœur, la solidité de vos affections, l'égalité de votre caractère et la distinction de vos personnes.

Et vous, messieurs, en vous ménageant la faveur qui vous est accordée aujourd'hui, la Providence s'est elle-même chargée de votre éloge ; je dis la Providence, car j'apprends dans nos saintes Écritures que le choix d'une compagne vertueuse n'est pas l'œuvre du hasard, ni même celle de la perspicacité humaine, mais bien une grâce inappréciable que Dieu réserve à ceux qui le craignent en, récompense de leurs bonnes actions : *pars bona, mulier bona. In parte timentium Deum, dabitur viro bono, pro factis bonis.*

Et, pour ne pas parler ici de tant de faits particuliers de générosité et de dévouement qui vous ont rendu si cher à vos nombreux amis, votre vie tout entière n'est-elle pas, monsieur, à tant d'égards une longue et continuelle bonne action, puisqu'elle est consacrée au progrès et à la vulgarisation d'une science qui, en augmentant le bien-être général, contribue si puissamment à l'adoucissement et à l'amélioration des mœurs? Considérée de ce point de vue, la science est l'auxiliaire de la religion et a le même objet qu'elle : le développement progressif de l'humanité. Ce développement, la religion le réalise par des moyens surnaturels, la science par la découverte des lois de la nature et leur application à la vie pratique.

Dieu a généreusement béni vos efforts, monsieur,

surtout en vous donnant des enfants qui vous se-
condent déjà dans vos utiles travaux : héritiers de
vos talents, ils reculeront à leur tour les bornes de
cette science qui constituera la meilleure part de
leur patrimoine.

Ce sont là, époux chrétiens, de puissants motifs
de confiance, de précieux gages de bonheur dans la
double union que vous contractez en ce moment
sous l'œil de Dieu et au pied de ses autels ; mais
n'oublions pas que tout ce qui est purement hu-
main est de soi inconstant et éphémère.

Dieu seul est le principe, le lien et la garantie de
toute union prospère et durable. Ainsi que le dit
le Roi prophète : Si Dieu lui-même ne met la main
à l'édifice, vains sont les efforts des constructeurs :
nisi dominus ædificaverit domum, in vanum labora-
verunt qui ædificant eam.

Dieu seul, en effet, donne la vie, Dieu seul la fécondité et ces qualités précieuses qui soutiennent les maisons ou qui les relèvent : *nisi Dominus custodierit civitatem, frustra vigilat qui custodit eam.*

De Dieu découlent tous les talents et les aptitudes ; de lui la patience dans l'adversité, la modération dans la prospérité, le goût du travail et de l'économie, la droiture du cœur et cette vraie sensibilité qui fait le charme de la vie. De lui encore la hauteur et la force d'âme qui distinguent les grands caractères ; de lui, enfin, l'homme tout entier.

Vous l'avez ainsi compris, époux chrétiens ; et c'est pourquoi vous êtes venus vous agenouiller au pied de ses autels, non pour remplir une vaine cérémonie, mais pour vous placer vous et les vôtres sous sa divine protection.

Formée sous de tels auspices, votre double union sera heureuse ; elle réalisera vos légitimes espérances, celles de vos parents et de vos amis.

Mon cœur de prêtre et d'ami éprouve en ce moment une de ces émotions qui font époque dans la
vie ; et c'est de toutes les puissances de mon
âme que j'appelle sur vous, messieurs, et sur
celles qui vont devenir les anges de votre foyer,
toutes les bénédictions de Dieu et de son Église.

IMPRIMERIE GÉNÉRALE DE CH. LAHURE

Rue de Fleurus, 9, à Paris

Imprimerie générale de Ch. Lahure, rue de Fleurus, 9, à Paris.

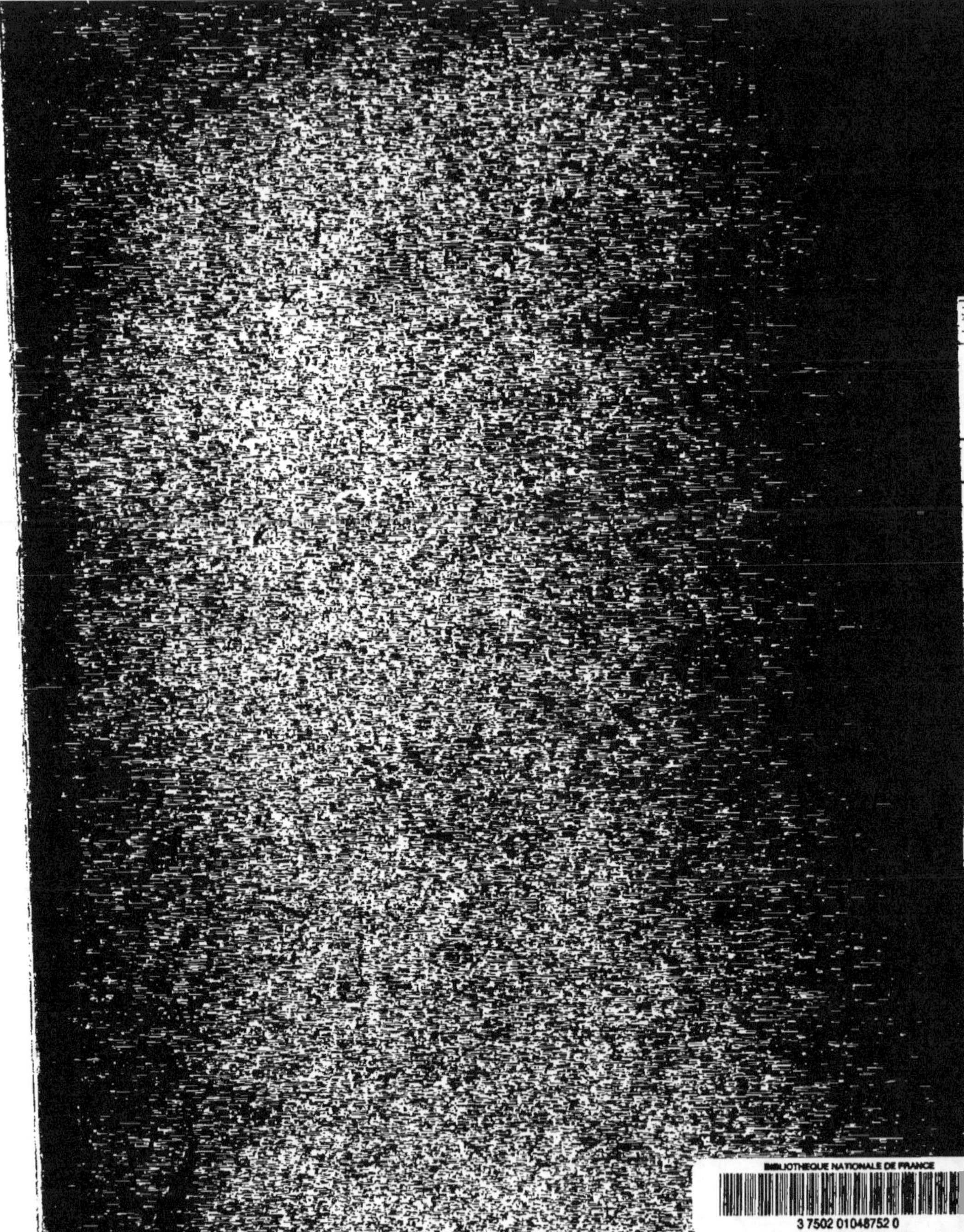